Pe. FERDINANDO MANCILIO, C.Ss.R.

Novena de São Pedro Apóstolo

EDITORA
SANTUÁRIO

Direção editorial: Pe. Fábio Evaristo R. Silva, C.Ss.R.
Coordenação editorial: Ana Lúcia de Castro Leite
Copidesque: Ana Lúcia de Castro Leite
Revisão: Luana Galvão
Diagramação: Mauricio Pereira
Capa: Bruno Olivoto

Textos bíblicos extraídos da *Bíblia de Aparecida*, Editora Santuário, 2006.

ISBN 85-7200-849-7

1ª impressão: 2003
5ª impressão

Todos os direitos reservados à **EDITORA SANTUÁRIO** – 2017

Rua Pe. Claro Monteiro, 342 – 12570-000 – Aparecida-SP
Tel.: 12 3104-2000 – Televendas: 0800 - 16 00 04
www.editorasantuario.com.br
vendas@editorasantuario.com.br

Introdução

Esperamos e desejamos que esta novena de São Pedro ajude você a rezar com alegria e muita fé. Ela foi feita para aqueles que gostam de rezar com muita piedade a esse grande apóstolo. O pensamento que está presente em toda a novena é: *Como Pedro, nós somos também chamados para o seguimento de Jesus e para sermos Igreja viva em nosso mundo de hoje.* O texto da novena supõe que ela seja rezada em comunidade ou em família, por isso os pronomes e os verbos estão sempre no plural. Mas isso não impede que a novena seja feita também individualmente.

Quando ela for feita de modo comunitário, sugerimos que se realize um gesto concreto, por exemplo: *angariar alimento para alguma família necessitada, ou asilo, ou creche; atender às necessidades de remédio para algum doente; ou ainda fazer algum trabalho na própria comunidade.* No último dia, sugerimos também que se faça um momento de confraternização, em que *cada família levará alguma coisa para comer ou beber.*

Oração inicial

– Em nome do Pai † e do Filho e do Espírito Santo. **Amém!**

– Vinde, Espírito Santo, enchei o coração de cada um de nós com a plenitude de vosso amor, **e sejamos por ele transformados!**

– Vinde, Espírito Consolador, para que sejamos sempre consolados por vossa presença **e sejamos fiéis ao Senhor!**

– Vinde, Espírito de Deus, e transformai a dor, o pranto e o choro em paz, alento e ardor, **e sejamos sinais de seu amor!**

Oremos: Deus de bondade, olhai para nós com vosso olhar compassivo, e, inspirados em vossa misericórdia, sejamos testemunhas vivas de vosso Reino. Vós que viveis e reinais para sempre! Amém!

Oração final

Supliquemos a Deus-Pai, porque Ele sempre ouve toda oração feita num coração sincero. Que brote de nossos lábios uma prece agradável ao Senhor.

– Senhor, tende piedade de nós!

– Senhor, tende piedade de nós!

– Cristo, ouvi-nos!

– Cristo, ouvi-nos!

– Cristo, atendei-nos!

– Cristo, atendei-nos!

– São José, **rogai por nós.**

– São Pedro e São Paulo, **rogai por nós!**

– São João Maria Vianney, **rogai por nós!**

– Santa Maria, **rogai por nós!**

– Santa Mãe de Deus, **rogai por nós!**

– Virgem das Virgens, **rogai por nós!**

– Todos os Santos e Santas de Deus, **rogai por nós!**

Ó glorioso São Pedro, Príncipe dos Apóstolos, a quem o Senhor Jesus escolheu para ser o fundamento de sua Igreja, entregou as chaves do Reino dos Céus e constituiu pastor universal de todos os fiéis, queremos ser sempre vossos súditos e filhos. Confiantes na Palavra do Senhor, que vos disse "Tudo que ligares na terra será ligado nos céus" e no encargo que vos deu de confirmar os irmãos na fé, concedei-nos a graça de, diante da diversidade das opiniões dos homens, saber como vós professar com firmeza nossa fé em Cristo, filho de Deus, e permanecer naquele amor a Jesus que, por três vezes, proclamastes após a ressurreição. Dai-nos que, fiéis aos ensinamentos do evangelho, permaneçamos unidos no rebanho do Senhor, confiado à vossa guarda, e no amor do Santo Padre, vosso legítimo sucessor, a fim de que, após o tempo desta vida, possamos nos unir para sempre à Igreja triunfante no céu. Amém.

– *Pai nosso, que estais nos céus...*

– *Ave, Maria, cheia de graça...*

– O Senhor nos conceda a saúde e a paz! O Senhor nos dê a força e a coragem que brotam do Evangelho! O Senhor nos faça servir e amar! O Senhor nos conceda sua bênção!

– Em nome do Pai † e do Filho e do Espírito Santo! **Amém!**

1º dia

Pedro, escolhido por Jesus

Iniciando hoje a nossa novena em louvor a São Pedro, pensemos na decisão de seguir Jesus mais de perto, como assim o fizeram os primeiros discípulos, e, junto de Jesus, sejamos missionários.

1. Oração inicial *(p. 5)*

2. Intenções
Rezemos hoje por todos os missionários, para que jamais percam a esperança e sejam profetas destemidos *(apresentar intenções pessoais)*.

3. Hora de louvor
Desejosos de, como São Pedro, escutar o chamado de Deus para nós hoje, elevemos nosso

louvor ao Pai do céu, que em sua bondade nos ouve com amor.

– Louvemos o Senhor, que nos chamou para a vida.

– Graças vos damos, Senhor!

– Louvemos o Senhor, que nos concede sua misericórdia.

– Louvemos o Senhor, que nos dá a água pura da fonte.

– Louvemos o Senhor, que nos concede a brisa suave da manhã.

– Louvemos o Senhor, que não se cansa de nos amar.

– Louvemos o Senhor, que por nós fez maravilhas.

4. Hora da Palavra de Deus
(Ler na Bíblia: Mt 10,2-8)

5. Palavra de Deus e nosso coração
Deixemos que a Palavra do Senhor ressoe em nosso coração, para que alcancemos, para nosso bem, tudo o que ela nos diz: estamos dispostos a sermos evangelizadores como os primeiros discípulos?

6. Oração final *(p. 6)*

2º dia

O Cristo também nos chama

Pedro, apóstolo e santo, com seu jeito decidido, seguiu de perto o Mestre. Que todos nós, que estamos rezando esta novena, tenhamos também um coração aberto para acolher o chamado de Deus para a vida e para a missão.

1. Oração inicial *(p. 5)*

2. Intenções
Apresentemos a Deus nosso sentimento comum para esta novena, pedindo por toda a Igreja, para que anuncie com alegria e firmeza o Evangelho ao mundo de hoje *(apresentar intenções pessoais)*.

3. Hora de louvor

Bendigamos ao Senhor, porque seu amor e sua ternura nos fazem felizes. Mesmo que nossos louvores não lhe sejam necessários, Ele nos escuta porque somos seus filhos. Pai de bondade, aceitai nosso louvor.

– Bendirei sempre ao Senhor, com meus lábios, minhas palavras, meus gestos e minhas atitudes.

– Senhor, nós vos bendizemos!

– Que nossa alma se glorie no Senhor, com os santos, com os simples e com os humildes.

– Glorifiquemos o Senhor e exaltemos seu santo nome.

– Procuremos o Senhor, porque Ele nos atende e nos livra de todos os temores.

– Os pobres e oprimidos clamaram por Ele, e Ele os ouviu.

– Felizes todo homem e toda mulher que se refugiam no Senhor.

4. Hora da Palavra de Deus
(Ler na Bíblia: Rm 8,29-34)

5. Palavra de Deus e nosso coração

Deus nos chamou para sermos semelhantes ao seu Filho Jesus. Como podemos entender esta frase da leitura que nos diz: "Se Deus é por nós, quem será contra nós?"

6. Oração final *(p. 6)*

3º dia

Pedro: anúncio do Cristo Redentor

Pedro e João vão ao templo para rezar e, em nome de Cristo, libertam o paralítico. A Igreja é a anunciadora da redenção, e com ela somos também herdeiros da copiosa redenção.

1. Oração inicial *(p. 5)*

2. Intenções
Em sintonia com toda a Igreja, rezemos este terceiro dia da novena em louvor a São Pedro, na intenção de que toda a Igreja continue firme no empenho da caridade e do zelo apostólico *(apresentar intenções pessoais)*.

3. Hora de louvor

Com o coração em festa e abrasado no amor de Cristo, nosso Redentor, vamos agora louvar o Pai do céu. Que nossa prece de louvor seja sincera e agradável ao Senhor.

– Senhor, nosso Deus, vossa grandeza se mostra nas grandezas da terra.

– Demos graças ao Senhor! Junto dele é grande a redenção!

– A grandeza do Senhor está no mais alto do céu, mas também nos lábios da criança.

– Olhando a imensidão do universo, o que é a pessoa humana para dela vos lembrardes?

– Vós nos fizestes seres maiores, cheios de glória e esplendor.

– Da boca das crianças e dos pequeninos sai um louvor que confunde vossos adversários.

– Contemplando o céu e a terra, o universo e o que neles existem, eu vos louvo meu Senhor.

4. Hora da Palavra de Deus

(Ler na Bíblia: At 3,1-8)

5. Palavra de Deus e nosso coração

Como o vento balança os galhos e as folhas de uma árvore, que a Palavra de Deus ouvida toque profundamente nosso ser, e pensemos: quais são as atitudes que vemos no mundo e que ajudam as pessoas a recuperarem sua dignidade?

6. Oração final *(p. 6)*

4º dia

Somos também redentores

Certamente, já tivemos alguma preocupação com alguma pessoa. Mas, se temos alguém que se preocupa conosco dia e noite, é nosso Deus. Ele nos deu seu Filho único para que fôssemos resgatados por Ele. É preciso, porém, revestirmo--nos continuamente dele.

1. Oração inicial *(p. 5)*

2. Intenções
Pedimos ao Senhor que nos dê a força de seu amor e nos torne uma Igreja viva, participativa, solidária e comprometida com a realidade do mundo de hoje *(apresentar intenções pessoais)*.

3. Hora de louvor

Louvemos o Senhor, que conta com a vida e o empenho de cada um de nós, na construção do seu reino. Sozinhos não somos nada, mas juntos podemos tudo. Por isso e por todas as coisas, louvemos o Senhor com nossas palavras, certamente brotadas do coração.

– O Senhor é nosso Pastor, e não temos falta de coisa alguma.

– Obrigado, Senhor, pela fartura de vosso amor!

– O Senhor nos leva para os campos mais verdes e para as águas puras e refrescantes.

– O Senhor nos leva por caminhos certos e seguros, porque Ele é o caminho reto e plano.

– Nos vales escuros da vida, nas horas difíceis e incertas, Ele é apoio, proteção, conforto.

– Porque junto de seu Filho Jesus, somos também redentores no mundo.

– Mesmo que nos rejeitem para sempre, Ele é o amigo que abre a porta e os braços.

4. Hora da Palavra de Deus
(Ler na Bíblia: Gl 3,23-28)

5. Palavra de Deus e nosso coração

A leitura veio nos dizer sobre o rompimento de todas as barreiras, limites de nosso mundo. Mas nos perguntamos: será que tudo isso já realizou? Ou ainda existem barreiras em nosso mundo e em nossa Comunidade?

6. Oração final *(p. 6)*

5º dia

A Igreja: Pedro, o primeiro Papa

Pedro foi o primeiro Papa, ocupando o lugar de Cristo na terra. O Papa é quem orienta todo o rebanho do Senhor, a Igreja, nos caminhos da história. Ele faz, como Pastor, trilharmos o caminho do Senhor.

1. Oração inicial *(p. 5)*

2. Intenções
Rezemos por nosso Papa e por toda a Igreja de Cristo, para que sejam sempre anunciadores da verdade, do bem, da justiça e da paz *(apresentar intenções pessoais).*

3. Hora de louvor

Louvemos o Senhor, que nos une em seu amor. Louvemos o Senhor, que em sua Igreja manifesta sua bondade e sua luz. Felizes os que caminham nas trilhas certas e encontram a fonte da vida. Como amados do Pai, a Ele digamos: Obrigado, Senhor!

– Ninguém pode morrer de sede, se o Senhor nos colocou uma fonte bem debaixo de nossos pés.

– Obrigado, Senhor!

– Se nossa alma espera pelo Senhor, se ela tem sede do Deus Vivo, Ele vem ao nosso encontro.

– Dia e noite o pão dos pobres é de lágrimas, e zombam os malfeitores: onde está teu Deus?

– Por que haveria de gemer e chorar, se tenho certeza de que verei meu Deus face a face?

– A luz e a verdade do Senhor nos guiam pelos caminhos que chegam até Ele.

– À Igreja santa e pecadora, da qual fazemos parte, dai, Senhor, vossa bênção e proteção.

4. Hora da Palavra de Deus
(Ler na Bíblia: Mt 16,13.15-19)

5. Palavra de Deus e nosso coração

Jesus quis formar um povo: o Povo de Deus, iniciando-o com os apóstolos. Se entendemos a Igreja como povo de Deus, que peregrina neste mundo, vamos amá-la mais ainda. Mas pensemos: por que a Igreja católica é a que mais sofre críticas em nosso mundo? Isso é sinal de que ela é verdadeira ou por que ela tem mesmo muitos defeitos?

6. Oração final *(p. 6)*

6º dia

Somos também Igreja

Temos sempre em conta aquilo que amamos, mas nem sempre amamos aquilo que devemos amar. A Igreja é uma verdade que jamais devemos deixar de amar. Vivendo em Comunidade, nós crescemos e experimentamos a graça que Deus continuamente nos concede.

1. Oração inicial *(p. 5)*

2. Intenções

Pedro, escolhido por Cristo, foi Apóstolo decidido no início da Igreja. Ele teve o encargo de organizar a Igreja nascente. Hoje também é nossa essa responsabilidade *(apresentar intenções pessoais)*.

3. Hora de louvor

Senhor Deus de bondade, nós esperamos em vós e vos amamos. Por isso, Pai de bondade, nós queremos vos louvar, bendizer-vos e vos amar. Aceitai, Senhor, nosso louvor.

– Senhor, vós mereceis nosso louvor e nossa gratidão.

– Senhor, nós vos bendizemos, louvamos-vos e vos amamos!

– Se nos achegamos a vós na fraqueza, vosso amor nos conforta e fortalece.

– Felizes são todos aqueles que vós escolhestes e acolhestes em vossa casa.

– Vossa justiça é vosso perdão. Vós sois nossa esperança em toda a terra e em todos os dias.

Vós sois nossa luz a nos guiar nos caminhos escuros de nossas vidas.

– Vosso poder mantém os montes e as colinas, fontes e nascentes e tudo o que vive e respira.

4. Hora da Palavra de Deus

(Ler na Bíblia: At 4,32-35)

5. Palavra de Deus e nosso coração

Ser Igreja é estar disposto a viver o mandamento do amor, da fraternidade, da união, da justiça, numa palavra: viver os valores do evangelho. Como está a vida de fraternidade e de união em nossa Comunidade?

6. Oração final *(p. 6)*

7º dia

As redes de Pedro

Como Pedro, os discípulos deixaram para trás suas redes, para seguirem de perto o Mestre. Abandonaram a segurança que tinham e seguiram fielmente a Cristo.

1. Oração inicial *(p. 5)*

2. Intenções
Devemos hoje pedir, de modo especial, por todos aqueles que deixaram para trás casa, família, bens, amigos e se dispuseram no árduo trabalho da evangelização *(apresentar intenções pessoais)*.

3. Hora de louvor
As redes foram deixadas pelos apóstolos, que se lançaram na pesca do Reino de Deus. O convi-

te do Mestre tornou-se irresistível àqueles que se dispuseram a abraçar o Deus da Vida e o seguiram mais de perto. Louvemos o Senhor por esses e tantos outros que inauguram o compromisso com o Reino.

– Bendigamos ao Senhor com toda a força de nossa alma e com todo o nosso ser.

– **Bendito seja o Senhor, por todos os seus favores!**

– Bendito seja o Senhor, que nos livra da morte e nos sacia de amor e de esperança.

– Se pudéssemos medir a altura do céu, saberíamos o tamanho de seu amor.

– A ternura do Senhor por nós é como a ternura de um pai para seu filho.

– O Senhor nos amolda em sua misericórdia, como o barro nas mãos do oleiro.

– Por causa das redes deixadas, de Pedro, Tiago e João e tantos outros que o seguiram.

4. Hora da Palavra de Deus
(Ler na Bíblia: Mt 4,18-23)

5. Palavra de Deus e nosso coração

A vivência plena de nosso batismo nos obriga a estar sempre dispostos a evangelizar ou tornar o evangelho vivido e conhecido. Estaríamos dispostos a assumir a evangelização hoje nas cidades, nas vilas, nas comunidades?

6. Oração final *(p. 6)*

8º dia

Também
somos pescadores

Evangelizar é colocar diante da pessoa o Evangelho de Jesus. Como cristãos, acolhemos o ensinamento de Cristo e o transmitimos aos outros. É o Espírito de Deus que ilumina nossa ação missionária.

1. Oração inicial *(p. 5)*

2. Intenções
Peçamos hoje por todos aqueles que, em nossa Comunidade, trabalham com muito ardor missionário e fazem tanto bem, sem esperar nada em troca. Lembremo-nos de alguém de nossa Comunidade e rezemos por ele, que trabalha com amor *(apresentar intenções pessoais)*.

3. Hora de louvor

Nós, seres humanos, mesmo diante de tantas coisas que podemos fazer e inventar, somos frágeis como uma planta nova. De manhã, estamos firmes e decididos, mas, com o vento quente do meio-dia ou o calor da tarde, tudo fenece, murcha, enfraquece. Louvemos o Senhor, porque é dele que nos vêm toda a força e toda a vida.

– Senhor, nós vos amamos, porque escutais o clamor de nossas preces, nós que na terra lutamos.

– Louvado seja o Senhor, que nos deu a vida e nos faz viver!

– Nós vos louvamos, porque revelastes vosso amor nos pobres e nos pequeninos.

– Nós vos louvamos em vossas palavras e nas palavras de vosso Filho Jesus.

– Porque tantos homens carregam dentro de si os mesmos sentimentos de Cristo.

– Porque nos guardais, qual pupila dos olhos ou uma taça de cristal.

– Nós vos glorificamos, porque muitas redes foram deixadas para trás.

4. Hora da Palavra de Deus
(Ler na Bíblia: Fl 2,5-11)

5. Palavra de Deus e nosso coração
Ter em nós os mesmos sentimentos de Cristo é o mesmo que dizer como São Paulo: "Não sou eu que vivo, é o Cristo que vive em mim". Como podemos melhorar a vivência cristã em nós e entre nós?

6. Oração final *(p. 6)*

9° dia

Nas pegadas de Cristo

Quando o barco singra as águas de um rio, deixa para trás grande rastro de sua passagem sobre a água. Assim deveríamos ser todos nós, os cristãos! É preciso fazer com que o amor cresça em nós. E, como nada podemos sozinhos, unamo-nos na prece e na fortaleza do amor.

1. Oração inicial *(p. 5)*

2. Intenções

Hoje, devemos sim agradecer a graça concedida a nós pela bondade de Deus. Nós estamos terminando esta novena, que nos ajudou a rezar como cristãos, como Igreja e como Povo de Deus. Agradecemos ao Senhor todos os que participaram: as crianças, os jovens, as famílias, todos os que se fizeram presentes. Em tudo e em todos,

Deus seja sempre louvado *(apresentar intenções pessoais).*

3. Hora de louvor

A fidelidade para com o Senhor nos torna felizes e cheios de vida. Pedro, mesmo em seus momentos de indecisões, soube reconhecer o Cristo, como Filho do Deus Vivo. Também nós, que hoje vivemos, deixemos brotar a prece de gratidão, de reconhecimento e de seguimento do Cristo Salvador.

– Porque muitos o seguiram e não o abandonaram, mesmo nas horas difíceis e incertas.

– **Senhor, nós vos agradecemos e vos bendizemos!**

– Porque em nossas Comunidades muitos doam suas vidas, sem esperar nada em troca.

– Pelas mães que se dedicam e se desdobram em favor de seus filhos grandes e pequenos.

– Pelos pais que, com o suor de seus rostos, arrancam o sustento de seus filhos.

– Porque os mártires testemunharam o Reino e regaram o chão com seu sangue.

– Nas pegadas de Cristo, seremos sinais de seu amor e de sua misericórdia.

4. Hora da Palavra de Deus
(Ler na Bíblia: Mc 10,28-31)

5. Palavra de Deus e nosso coração

Não há alegria maior do que dar a vida pelos irmãos, lembrou-nos Jesus, que assim fez. Alegremo-nos por estarmos juntos, cheios de Deus e de paz. Louvemos de coração o Senhor, que chamou Pedro como o primeiro dos discípulos. Ele nos ajuda também a sermos fiéis ao Reino de Deus *(todos se abraçam ou dão o aperto de mão, fazendo a saudação de paz).*

6. Oração final *(p. 6)*

Índice

Introdução 3
Oração inicial 5
Oração final 6

1º dia: Pedro, escolhido por Jesus 8
2º dia: O Cristo também nos chama 10
3º dia: Pedro: anúncio do Cristo Redentor 13
4º dia: Somos também redentores 16
5º dia: A Igreja: Pedro, o primeiro Papa 19
6º dia: Somos também Igreja 22
7º dia: As redes de Pedro 25
8º dia: Também somos pescadores 28
9º dia: Nas pegadas de Cristo 31

A marca FSC® é a garantia de que a madeira utilizada na fabricação do papel deste livro provém de florestas que foram gerenciadas de maneira ambientalmente correta, socialmente justa e economicamente viável.

Este livro foi composto com as famílias tipográficas Calibri e Bellevue impresso em papel Offset 75g/m² pela **Gráfica Santuário.**